AF460611

1862. 10 Février

BELLE COLLECTION

DE

DESSINS ANCIENS

DES MAITRES

ITALIENS, HOLLANDAIS, FLAMANDS,

ESPAGNOLS & FRANÇAIS

(DU XVe AU XVIIIe SIÈCLE)

VENTE A L'HOTEL DROUOT

(SALLE N° 3)

Les Lundi 10 et Mardi 11 Février 1862

A UNE HEURE ET DEMIE

EXPOSITION PUBLIQUE

Le DIMANCHE 9 Février 1862, de une heure à quatre heures.

Me **DELBERGUE-CORMONT**, Commissaire-Priseur

M. **BLAISOT**, Expert.

—

1862

Mr le Cte de la Borde à la B.B.

RENOU ET MAULDE

IMPRIMEURS DE LA COMPAGNIE DES COMMISSAIRES-PRISEURS

Rue de Rivoli, 144.

BELLE COLLECTION

DE

DESSINS ANCIENS

DES MAITRES

ITALIENS, HOLLANDAIS, FLAMANDS,

ESPAGNOLS & FRANÇAIS

(DU XVe AU XVIIIe SIÈCLE)

VENTE A L'HOTEL DROUOT

(SALLE N° 3)

Les Lundi 10 et Mardi 11 Février 1862

A UNE HEURE ET DEMIE

EXPOSITION PUBLIQUE

Le DIMANCHE 9 Février 1862, de une heure à quatre heures.

Me **DELBERGUE-CORMONT**, Commissaire-Priseur

M. **BLAISOT**, Expert.

1862

CONDITIONS DE LA VENTE

Elle sera faite au comptant.

Les Acquéreurs paieront, en sus des adjudications, CINQ pour CENT, applicables aux frais de la vente.

Les lots pourront être divisés.

DÉSIGNATION

DES DESSINS

PREMIÈRE VACATION

1 **Martin de Vos. S. de Vlieger. Dietsch. Wuyst.** Quatre dessins. Paysages et sujets divers à la plume et au bistre.

2 **Onghers** (Jacques). Deux dessins. Etudes d'architecture et de sculpture prises dans la Villa Médicis en 1700.

3 **Deheer. Terhimpel. Schellenberg. P. Breughel.** Quatre dessins. Paysages à la plume et au bistre.

4 **Winter. Berettini. Preisler. Goltzius. Salvator Rosa. Della Bella.** Cinq dessins. Sujets divers à la plume, à la sanguine et au bistre.

5 **Franck** (François). **Spranger.** Deux dessins. Sujets divers à la plume et au bistre.

6 **Van Schupen. Zuccaro. C. Cignani.** Trois dessins. Sujets divers à la plume.

7 **Preisler. Fiori** (*Le Baroche*). **Buonacorsi** (*Perino del Vaga*). **Brauwer** (Adrien). **Dusart** (Corneille). Cinq dessins. Sujets et croquis divers à la plume et à la sanguine.

8 **Sadeler** (Gilles). Ecusson pour recevoir des armoiries. Dessin à la plume lavé de bistre et rehaussé de blanc.

9 **Van der Neer. P. Berettini. Michel Carré.** Trois dessins à la plume et au bistre.

10 **Guido Reni. J. Romain.** Trois jolis dessins à la plume. (*Collection Vallardi*).

11 **Vleeshouwer. J. Van Cleef. Brandenberg** (Jean). **Bout** (Pierre). Cinq dessins à la plume et au bistre.

12 **Merian** (Mathieu). **Vicar. Manglard. Carle Maratte.** Quatre dessins à la plume et au bistre.

13 **Fragonard. Isaac Moucheron. Hartman. Chaudet.** Quatre dessins. Sujets divers à la plume, au bistre et à l'encre de Chine.

14 **Carrache** (Louis). **Carrache** (Annibal). **Van der Neer.** Trois jolis dessins à la plume et au bistre. (*Collection Mouriau.*)

15 **Paul Bril. J. Ruysdael. D. Stoopendaël.** Trois jolis croquis à la plume, au bistre et à la pierre noire.

16 **Spranger** (Bartholomé). Diane et Actéon. Dessin à la plume, lavé de bistre.

17 **Cerquozzi** (Michel-Ange). Alexandre et Darius. Beau dessin à la plume et au bistre.

18 **Coypel. E. Lesueur.** Présentation de la Vierge. — Ange jetant des couronnes à un martyr. Deux dessins à la plume, légèrement lavés.

19 **Parrocel. Dillis. Delarue.** Trois dessins à l'encre de Chine et au bistre.

20 **Houel. Dietsch. Campagnola. Le Bassan.** Quatre dessins à la plume et au bistre.

21 **A. Elzheimer. Mérian** (Mathieu). **Girodet-Trioson.** Trois dessins à la plume et au bistre.

22 **Denon. H. Roos. Martin de Vos.** Quatre dessins à la plume. (*Collections du baron Denon, Mouriau et Galeozzi.*)

23 **A. Bloemaert. C. Netscher. Onghers.** Trois dessins à la plume lavés de bistre.

24 **Beaudouin. Hackaert.** Paysages. Deux dessins à la plume et au bistre.

25 **Cantarini** (*le Pesarese*). **Salvator Rosa.** Sainte Famille. Un mendiant. Deux dessins à la sanguine et à la plume.

26 **P. Breughel. Bachelier.** Paysages. Trois dessins à la plume et au bistre.

27 **Baccio Bandinelli.** La Vierge et l'Enfant Jésus. Beau dessin à la plume et au bistre sur papier teinté.

28 **Waterloo** (Antoine). Paysage. Dessin à la plume, lavé d'encre de Chine.

29 **Callot** (Jacques). Un guerrier. Dessin à la pierre noire.

30 **Zuccaro** (Frédéric). Un martyr entouré d'anges portant la palme et la couronne. Beau dessin à la plume, lavé de bistre et rehaussé de blanc.

31 **Genoels** (Abraham). Paysage. Joli dessin à la plume, lavé d'encre de Chine.

32 **Legillon. Elliger** (Otmar). Moissonneurs. Deux croquis très fins à la plume et à la mine de plomb.

33 **Netscher** (Gaspard). **C. Cignani.** Diane chasseresse. L'Assomption de la Vierge. Deux jolis dessins à la sanguine, lavés d'encre de Chine et à la pierre d'Italie.

34 **Winter** (de Munich). Une vache et un mouton dans un pré. Dessin très-fin à la sépia.

35 **Otto Venius.** Deux hommes, dont un coiffé d'un turban. Dessin à la plume et au bistre. (*Collection Collin.*)

36 **Pierre de Laar** (*le Bamboche*). Mulets conduits par des marchands. Joli dessin à la sanguine.

37 **Giordano** (Luca). Tarquin et Lucrèce. Beau dessin à la plume rehaussé de blanc, sur papier teinté.

38 **Van Bloemen** (Pierre). **Simonini.** Pêcheurs débarquant du poisson. Croquis divers. Deux dessins à la sanguine et à la plume.

39 **Parrocel** (Charles). Joli croquis à la plume et à la sanguine.

40 **Wouwermans** (Pierre). Une halte de marchands au bord d'une route. Joli dessin à l'encre de Chine.

41 **Bol** (Ferdinand). Portrait à la pierre noire rehaussé de blanc, sur papier jaune. (*Collection Révil.*)

42 **Trémolière** (Pierre). Mars et Vénus. Dessin à la sanguine.

43 **Grün** dit **Baldung**. *Das sind guten Federen.* Dessin très-curieux et très-rare, avec le monogramme et la date 1511. (*Collection du Prince Komnen.*)

44 **Jeaurat**. Charmant croquis à la pierre noire et au crayon blanc sur papier gris, dans le goût de Watteau.

45 **Carrache** (Louis). Jésus-Christ apparaît à ses disciples Beau dessin lavé de bistre. (*Collection Sanby.*)

46 **Storck** (Abraham). Marine. Temps calme. Très-beau dessin à l'encre de Chine. (*Collection Mouriau*).

47 **Zampieri** (*le Dominiquin*). Apparition d'un ange à des moines. Belle esquisse à la plume et au bistre.

48 **Devosge**. Esquisse à la plume et à l'encre de Chine.

49 **Murillo** (Esteban). Des anges présentent un moine au Père éternel dans le ciel. Beau dessin à la sanguine, légèrement lavé d'encre de Chine. (*Collection Colin*).

50 **Leclerc** (Sébastien). La Musique. Allégorie. Charmant dessin à la plume, lavé d'encre de Chine. (A été gravé.)

51 **Allegri** (Antonio). (*le Corrège*). La Madeleine. Beau dessin à la sanguine.

52 **Denon**. La vendange. Joli dessin à la plume et à la sépia. (*Collection Denon.*)

53 **Echard** (Charles). Famille de pêcheurs. Dessin à l'aquarelle.

54 **Biscaïno** (Barthélemy). Une mère entourée de ses enfants. Joli dessin à la sanguine rehaussé de blanc sur papier gris.

55 **Van Battem.** Paysage à la plume et au bistre, rehaussé de blanc. (*Collection Rysbrach*).

56 **Tiepolo**. Tobie et l'Ange. Joli dessin à la plume, lavé de bistre.

57 **Lallemand** (Jean-Baptiste). Des marchands surpris par un serpent au bord d'une fontaine. Jolie gouache.

58 **Dujardin** (Karel). Kermesse flamande. Joli dessin à la plume, lavé de bistre.

59 **Leprince**. Un enfant à moitié nu se mire dans un plat. Joli croquis au bistre.

60 **Lemoine** (François). Une femme nue. Joli dessin à la sanguine.

61 **Gibelin**. Incendie de Troie, d'après l'Énéïde de Virgile. « *Exuperant flammæ, furit æstus ad auras!.....* » Gouache. Beau dessin d'une grande vérité. (*Collection Sylvestre.*)

62 **Schoengauer** (Martin). Jésus-Christ rencontre sainte Véronique, en se rendant au Calvaire. Beau dessin à la plume, lavé d'encre de Chine et rehaussé de blanc, sur papier teinté. (*Collection Kaunitz.*)

63 **Boucher** (François). Tête de jeune fille. Gracieux dessin à la sanguine.

64 **Murillo** (Esteban). Apparition du Père éternel à un Saint. Beau dessin au bistre, sur papier teinté. (*Collection Madrazzo.*)

65 **Crasbecke**. Scène de cabaret flamand. Dessin à la sanguine.

66 **Chasselat.** L'ombre d'Achille apparaît aux Grecs fugitifs. Dessin à la sépia, d'une grande finesse d'exécution.

67 **Berettini** (Pierre) *de Cortone.* Jacob et Rachel. Joli dessin à la plume, lavé d'indigo. (*Collection Collin.*)

68 **Goltzius** (Henri). Neptune et Amphitrite. Dessin à la plume, lavé de bistre.

69 **Jordaens** (Jacques). Belle étude à la sanguine.

70 **Rottenhamer**. Martyre d'une Sainte, à qui Jésus-Christ et des anges viennent apporter des couronnes. Beau dessin à la plume, lavé d'encre de Chine. (*Collections Mariette et J. Dupan.*)

71 **Wocher. Platzer.** Deux dessins à la pierre noire et au bistre. (*Collection Révil.*)

72 **Bourdon** (Sébastien). Un évêque apparaît sur un nuage au milieu d'une église pendant la messe. Belle esquisse à la plume, lavée d'encre de Chine.

73 **Sneyders** (François). Études de chiens de races diverses. Beau dessin à l'encre de Chine.

74 **Carrache** (Augustin). Saint Antoine de Padoue. Beau dessin à la plume, plein de sentiment et d'énergie.

75 **Baumgartner**. Paysage. Joli dessin à la sépia, d'une touche très-fine. (*Collection Mouriau.*)

76 **Lesueur** (Eustache). Adoration des Bergers. Charmant dessin au bistre. (*Collections Mouriau et marquis de Lagoy.*)

77 **Jordaens** (Jacques) Adoration des Bergers. Beau dessin à la pierre d'Italie.

78 **Wyck** (Thomas). Paysage avec ruines et personnages. Joli dessin, lavé d'encre de Chine.

79 **Barbarelli** (*le Giorgion*). Une sainte portée en terre par des religieux. Dessin au bistre, rehaussé de blanc sur papier gris. (*Collection Mouriau.*)

80 **Beccafumi.** Dessin à la plume et au bistre.

81 **Van Uden** (Lucas). Paysage. Joli dessin à l'aquarelle.

82 **Murillo** (Esteban). L'Esprit-Saint inspirant l'évangéliste saint Paul. Beau dessin à la plume, lavé d'encre de Chine et rehaussé de blanc. (*Collection Schmidt.*)

83 **Vien** (Joseph). **Dieu** (Antoine). Deux dessins à la plume, lavés d'encre de Chine.

84 **Boucher** (François). Femmes nues. Joli dessin à la sanguine, rehaussé de blanc.

85 **Van der Meulen**. Études de chevaux. Deux dessins à la sanguine. (*Collection J. Dupan.*)

86 **Van Everdingen**. Paysage. Joli dessin à l'encre de Chine.

87 **Franck** (Sébastien). Supplice d'une sainte en présence des prêtres de Jupiter. Dessin à la plume et au bistre. (*Collection d'Angeville.*)

88 **Brandt** (Chrétien). Paysage à la sépia. Joli dessin, d'une exécution très-fine.

89 **Karel Dujardin**. Paysage avec animaux. Croquis au bistre, très-spirituellement touché.

90 **Van Berghen** (Thierry). Une Chèvre. Dessin à l'encre de Chine.

91 **Courtois** (Jacques), dit *le Bourguignon*. Combat de cavalerie. Dessin à la plume et au bistre, rehaussé de blanc.

92 **Bramer** (Léonard). Scène d'histoire. Dessin énergique à la plume, lavé d'encre de Chine et rehaussé de blanc sur papier bleu. (*Collection Kaunitz.*)

93 **Picart** (Bernard). La Religion. Allégorie. Charmant dessin, lavé à l'encre de Chine, d'une grande finesse d'exécution

94 **Ferrari** (Gaudenzio). La Fuite en Égypte. Beau dessin à la plume et au bistre. (*Collection Richardson.*)

95 **Pynacker** (Adam). Paysage. Dessin à l'encre de Chine.

96 **Mignard** (Pierre). Allégorie pour le couronnement du roi à sa majorité. Dessin curieux à la plume, lavé d'encre de Chine.

97 **Troost** (Corneille), *le Watteau hollandais.* Un seigneur et une grande dame achetant des fruits à la porte d'un château. Dessin à la plume, d'une touche spirituelle. (*Collection Verstolk de Soelen.*)

98 **Breemberg** (Bartholomé). Paysage avec ruines.

99 **Dévéria.** Promenade sur l'eau. Dessin à la sépia.

100 **Van Artois** (Jacques). Paysage. Beau dessin à la plume et au bistre.

101 **Diepenbecke** (Abraham). Le Christ en croix, au milieu d'un écusson supporté par les quatre évangélistes et leurs attributs. Très-joli dessin à la plume et au bistre. (*Collection J. Dupan.*)

102 **Guérin** (le baron). Scène antique. Beau dessin à la plume, lavé de bistre et rehaussé de blanc.

103 **Ribera** (Joseph), dit *l'Espagnolet.* Délivrance de saint Pierre. Dessin à la plume. (*Collection Woodburn.*)

104 **Genoels** (Abraham). Paysage. Joli dessin à la plume, lavé de bistre.

105 **Sachtleven** (Herman). Paysage. Dessin à l'encre de Chine.

106 **Spranger** (Bartholomé). Sainte Marie l'Égyptienne. Dessin au bistre, rehaussé de blanc. Très-énergique.

107 **Lemoine** (François). Scène pastorale. Joli dessin à la pierre d'Italie, rehaussé de blanc.

108 **De Witt** (Jacques). Les Saintes Femmes aux pieds du Christ en croix. Beau dessin à la plume et à l'aquarelle.

109 **De Vlieger** (Simon). Marine. Dessin à la plume, lavé d'encre de Chine.

110 **Waterloo** (Antoine). Étude de paysage à la gouache.

111 **De Braekelaer.** Un Vieillard appuyé sur son bâton. Dessin à la mine de plomb.

112 **Sirani** (Élisabeth). Sainte Famille. Joli dessin à la plume, lavé d'aquarelle.

113 **Procaccini** (Hercule). Bataille. Beau dessin à la plume et au bistre. (*Collection Vallardi.*)

114 **Blum**. Un Moine prêchant dans une église. Dessin à la plume, lavé d'aquarelle.

115 **Salvator Rosa**. Artémise. Beau dessin à la plume et au bistre.

116 **Moucheron** (Isaac). Paysage. Joli dessin à la sanguine, lavé au brun rouge.

117 **Van Goyen** (Jean). Paysage au bord d'une rivière. Joli dessin à la pierre noire, légèrement lavé d'encre de Chine.

118 **Velasquez** (don Diego). Trois personnages du temps. Dessin à la plume, rehaussé de blanc sur papier bleu. (*Collection Villenave.*)

119 **Verschuuring** (Henri). Cavaliers. Dessin à la plume et au bistre.

120 **De Koning** (Philippe). Joli dessin à la plume et au bistre. (*Collection Van Gole.*)

121 **Etex**. Nymphes. Joli croquis à la mine de plomb.

122 **Lantara**. Paysage. Dessin très-fin à la pierre noire, retouché d'encre.

123 **Van Stry** (Jacques). Animaux. Joli dessin au bistre.

124 **De Vlieger** (Simon). Patineurs. Dessin très-fin à la plume, légèrement lavé d'encre de Chine.

125 **Rademaker**. Paysage. Joli dessin à la plume, lavé d'aquarelle.

126 **Dietricy**. Joli dessin à la plume, lavé d'encre de Chine. (*Collection d'Angeville.*)

127 **Tisio** (*le Garofalo*). L'Éducation de la Vierge. Beau dessin à la plume, lavé au brun rouge et à l'encre de Chine et rehaussé de blanc.

128 **Rubens** (Pierre-Paul). Mariage de sainte Catherine. Beau dessin à la pierre noire et à la plume, lavé d'aquarelle. (*Collections Wescombe et Woodburn.*)

129 **Johannot** (Alfred). Manon Lescaut et Desgrieux se rencontrent dans la cour de l'auberge. Joli croquis à l'encre de Chine.

130 **Peruzzi** (Balthazar). Naissance de la Vierge. Beau dessin à la plume et au bistre.

131 **Schelfhout**. Paysage. Très-joli dessin au bistre. (*Collection Van Gole.*)

132 **Valdes Leal** (Rival de Murillo). Adoration des Mages. Beau dessin à la plume et au bistre.

133 **Poussin** (Nicolas). Renaud dans les jardins d'Armide. Beau dessin à la plume et au bistre. (*Collection Dijonval.*)

134 **Ricciarelli** (Daniel) *de Volterre*. Fragment du Jugement dernier de Michel-Ange. Très-belle étude à la plume, lavée au bistre.

135 **Carrache** (Annibal). Les Évangélistes entourés d'anges montant au ciel. Beau dessin à la plume et au bistre. (*Collection Mariette.*)

136 **Boucher** (François). Berger et Bergère menant leur troupeau à l'abreuvoir. Charmant dessin au crayon noir, rehaussé de blanc sur papier gris.

137 **Hackaert**. Paysage. Joli dessin à la pierre d'Italie, lavé d'encre de Chine.

138 **Mengs** (Raphaël). Portraits. Deux jolis dessins aux crayons noir et blanc sur papier bleu. (*Collection Kaunitz.*)

139 **Alaux**. Femmes italiennes offrant des fleurs à une statue de Madone. Joli dessin à la sépia.

140 **Oudry** (Jean-Baptiste). Des Amours chassant un loup. Charmant dessin à la pierre noire et à la plume, rehaussé de blanc. (*Collection Thibaudeau.*)

141 **Franck** (Ulrick). Les trois rois Mages partant pour Jérusalem. Dessin à la plume, lavé d'encre de Chine.

142 **Jordaens** (Jacques), **Boos** (H.). Sainte Famille. Deux dessins à la plume, au bistre et à la sanguine.

143 **P. Battoni Zuccaro.** Deux dessins à la plume, au bistre et à la sanguine. (*Collection Sylvestre*).

144 **Sadeler** (Raphaël). La Chaste Suzanne. Joli dessin à la plume lavé d'indigo.

145 **Durer** (A.). Cerfs et biches dans un bois. Joli dessin à la plume.

146 **Rubens** (Pierre-Paul). Tête de Femme. Joli dessin à la pierre noire, rehaussé de blanc. (*Collection Sandby.*)

147 **Vien** Andromaque. Beau dessin à la plume et au bistre. (*Collection Robert Dumesnil.*)

148 **Netscher** (Gaspard). Portrait de femme. Joli dessin à la sanguine, finement exécuté.

149 **Guignet** (Adrien). Bédouins guettant l'ennemi du haut d'un rocher. Belle esquisse à la plume et à la sépia.

150 **Wynants**. Paysage. Beau dessin à l'encre de Chine. (*Collection Feuchère.*)

151 **Pajou**. Jonction des deux mers. Allégorie. Joli dessin à la mine de plomb.

152 **Lemoine.** Un Baptême. Belle esquisse aux trois crayons. (Voir le *verso*.)

153 **Van Liender.** Adam et Ève chassés du Paradis. Dessin à la plume et au bistre.

154 **Leprince**. Intérieur de grange. Très-beau dessin à la plume et au bistre. (*Collection Van den Zande.*)

155 **Ciceri.** Décoration d'Opéra. Beau dessin à l'aquarelle. (*Collection A. Scheffer.*)

156 **Demarne**. Débarquement de marchandises à l'entrée d'une ville. Dessin à la plume et à l'encre de Chine.

157 **Palmerius**. Paysage avec animaux. Très-beau dessin à l'encre de Chine.

158 **De Witt** (Jacques). La Charité. Gracieux dessin à la sanguine. (*Collection Ploos Van Anstel.*)

159 **Velasquez de Sylva.** (Don Diego). Groupe de soldats et de marchands. Beau dessin à la plume et au bistre. (*Collection Madrazzo.*)

160 **Rubens** (Pierre-Paul). L'Europe et l'Afrique Cariatides. Dessin à la pierre noire, rehaussé de blanc sur papier gris.

161 **Picard** (Bernard). Joli dessin allégorique à la plume et à l'encre de Chine. (*Collection Thibaudeau.*)

162 **Baur** (Guillaume). Halte de Cavaliers. Dessin à la plume et au bistre.

163 **Lelu** (Pierre). Sainte Marie l'Égyptienne. Dessin à la plume et à l'encre de Chine.

164 **Passarotti**. Archers. Belle étude à la plume et au bistre rehaussé de blanc. (*Collection Hamal.*)

165 **Le Ducq** (Jean). Scène de Famille. Dessin à la plume.

166 **Van Aken** (Jean). Paysage. Joli dessin à l'encre de Chine, d'une grande finesse.

167 **Lafosse** (Charles). Trophée d'armes romaines. Beau dessin à la plume et à l'encre de Chine.

168 **Fragonard** (Honoré). Une petite fille tenant un panier. Charmant dessin à la plume et au bistre.

169 **Vernet** (Joseph). Des marins poussant un bateau à la mer. Joli croquis à la plume lavé d'aquarelle.

170 **Restout**. Portrait de Femme. Charmant dessin aux crayons noir et blanc sur papier bleu.

171 **Marilhat**. Arabes sur leurs chameaux. Très-joli dessin à la sépia.

172 **Wattier**. Une Femme couchée et deux têtes. Charmant dessin aux crayons noir et rouge.

173 **Hubert**. Paysage. Vue de Suisse. Joli dessin à la sépia.

174 **Vouder**. Sujet mythologique. Dessin à la plume lavé de bistre.

175 **Gillot** (Claude). Personnages causant auprès d'une fontaine à l'entrée d'un bois. Très-joli dessin à l'encre de Chine.

176 **Raffet**. Soldats de la première République. Charmant croquis à la mine de plomb.

177 **Tassaert.** La Vierge et sainte Elisabeth. Beau dessin à l'encre de Chine.

178 **Vernet** (Carle). Un ancien émigré fuyant les Barricades de 1830. Caricature. Dessin au crayon noir et à l'estompe.

179 **Drouais.** Andromaque. Scène antique. Très-beau dessin au crayon noir, d'une finesse remarquable.

180 **Delaroche** (Paul). Scène de la Saint-Barthélemy. Très-joli dessin à la mine de plomb.

181 **Grandville.** Le Conseil de Guerre. Caricature. Dessin curieux à l'aquarelle.

182 **Lantara.** Paysage avec ruines. Très-joli dessin à la pierre noire et à la sanguine.

183 **Chardin.** La Leçon de dessin. Joli croquis à la sanguine.

184 **Natoire** (Charles). Deux amants écrivant leurs noms sur un tronc d'arbre. Très-beau dessin à l'aquarelle.

185 **Vernet** (Horace). Chasseur appuyé contre un mur à l'entrée d'une forêt. Très-joli dessin au crayon.

186 **Bol** (Ferdinand). Tête de vieillard. Beau dessin à la plume.

187 **Rigaud** (Hyacinthe). Portrait d'un cardinal. Beau dessin aux crayons noir et blanc sur papier bleu.

188 **Zampieri** *le Dominiquin.* Projet de plafond pour la coupole d'une église. Dessin à la plume et au bistre.

189 **Moreau.** Le Roi recevant un chevalier de l'Ordre du Saint-Esprit. Très-joli dessin au bistre relevé de blanc.

190 **Fragonard** (Honoré). La chaste Suzanne. Charmant dessin à l'encre de Chine et au bistre rehaussé de blanc. (*Collection Zanetti.*)

191 **Van Drielst.** Paysage. Beau dessin à l'encre de Chine.

192 **Cochin.** Portrait de Louis XVIII dans sa jeunesse. Dessin très-fin.

193 **Prud'hon.** Tête de Femme. Charmant dessin à l'aquarelle. (*Provenant des cartons de son ami Canova.*)

194 **Van Loo** (Carle). Mercure endort Argus au son de sa flûte et se prépare à le tuer. Beau dessin à la sanguine.

195 **Béga** (Corneille). Joueur de Violon. Dessin à la pierre noire.

196 **Jordaens** (Jacques). Un Autel orné de vases précieux. Dessin énergique en couleurs. (*Collection Kaïeman.*)

197 **Demarne**. La Foire de village. Dessin capital à la mine de plomb.

198 **Wouters** (Jean), Elève de Rubens. Paysage avec chasse à l'encre de Chine.

199 **Watteau**. Portraits de famille. Charmant dessin à la sanguine. (*Collection Mourian.*)

200 **Moreau** (Louis). Une Réunion d'Arabes. Jolie gouache.

200 bis **Taunay**. Paysage. Dessin à l'encre de Chine rehaussé de blanc sur papier teinté.

200 ter **Wyck** (Thomas). Galeries d'une maison turque. Paysage. Deux croquis à la plume et au bistre.

— **Deheuss** (Jacques). Vue de Rome. Joli dessin à la plume, légèrement lavé d'encre de Chine.

DEUXIÈME VACATION

201 **De Bèze**. **Verbruggen** (Pierre). **Van Balen,** etc. Quatre croquis à la plume, au bistre et à la sanguine.

202 **Denon. Blondel. Van Bloemen.** Trois dessins à la plume, au crayon et au bistre.

203 **Descamps** (Jean-Baptiste). **Swebach. Robert** (Hubert). **Van Kessel**. Quatre dessins à la plume, au crayon et à l'encre de Chine.

204 **Brandel. Cantagallina. Schiavone.** Trois dessins à la plume et au bistre.

205 **Circignani** *(Le Pomerance).* **F. Vanni. Canuti.** Trois jolis dessins à la sanguine et au bistre.

206 **Gennaro. Rogman. Sylvestre.** Trois dessins à la plume, à la sanguine et au crayon noir.

207 **Van Ostade** (Adrien). **Donato Creti**. Deux dessins à la plume.

208 **Duval-Lecamus. Veyrassat. Biard. Coignet** (Jules). Cinq dessins au crayon et à la sépia.

209 **Gallait** (Louis). **Jacque** (Charles). **Leprince.** Trois croquis à la plume et au crayon.

210 **Vernet** (Joseph). **Ottevaere.** Deux dessins.

211 **Nicolle. Tisio** (*le Garofalo*). **Faidherbe. Geraerts.** Quatre dessins à la plume et à l'aquarelle.

212 **Netscher** (Gaspard). **Overbeek. Klengel. Hulswits**. Quatre dessins à la plume et à l'encre de Chine.

213 **Cigoli. A. Moro. S. Rosa. Constantin.** Quatre dessins à la plume et au bistre.

214 **Doyen. Van der Ulft. Perino del Vaga.** Quatre jolis dessins à la plume et au bistre.

215 **Lallemand. Van Stry** (Jacques). **P. Breughel. Procaccini** (César), etc. Cinq dessins.

216 **Polydore de Caravage. Jules Romain.** Deux dessins à la plume et au bistre.

217 **De Crayer** (Gaspard). **Cigoli. Chiari. Ottevaere.** Quatre dessins à la plume, au bistre et au crayon.

218 **Vernet** (Joseph). **Sciaminosi. Barré** (sculpteur). Quatre dessins à l'aquarelle et au bistre.

218 bis. **Dunouy. Berghem.** Paysage à la gouache et moutons à la pierre noire. (*Collection Mouriau.*)

219 **Tibaldi. Le Guide. Lethière.** Trois dessins à la pierre d'Italie, à l'encre de Chine et au bistre.

220 **Echard** (Charles). Tête de jeune fille. Dessin au crayon noir.

221 **Le Rosso.** Scène mythologique. Beau et curieux dessin à la plume, lavé d'aquarelle. (*Collect. Sylvestre.*)

222 **Schellings** (Daniel). Paysage. Dessin à la pierre d'Italie et à l'encre de Chine.

223 **Brandt.** Paysage. Dessin à la sanguine.

224 **Lemoine** (François). Une femme se perçant le sein avec une flèche. Dessin au crayon noir, rehaussé de blanc.

225 **Van Noort** (maître de Rubens). Des Archers. Beau dessin à la sanguine et à la pierre noire.

226 **Michel-Ange Buonarotti.** Etude d'homme nu. Beau dessin à la pierre d'Italie.

227 **Schidone.** Sujet biblique. Dessin à la sanguine.

228 **Oudart.** Un oiseau mort. Joli dessin à la mine de plomb.

229 **Van Goyen.** Marchands de poisson. Dessin à la pierre d'Italie, lavé d'encre de Chine.

230 **Robert** (Hubert). Le Priseur. Joli dessin à la sanguine.

231 **Téniers** (David). Un Buveur. Dessin à la plume et au bistre. (*Collection Woodburn.*)

232 **Fragonard** (Honoré). Femmes nues. Joli dessin à la sanguine.

233 **Penni** (Luca). L'Hiver. Allégorie. Dessin à la plume et au bistre.

234 **Vickembooms** (David). Un Pélerinage. Joli dessin à la plume, lavé de bistre et d'indigo.

235 **Mouchet** (élève de GREUZE). Tête de femme. Beau dessin aux trois crayons.

236 **L'Albane**. Mort d'un saint. Dessin à la plume, lavé d'encre de Chine.

237 **Van Stry** (Jacques). Une femme récurant un chaudron. Dessin à la pierre noire.

238 **Moitte** (sculpteur), Bacchante. Joli dessin à l'encre de Chine, rehaussé de blanc.

239 **André del Sarte**. Tête à la sanguine. (*Collection Collin.*)

240 **Andrieux**. Le Rendez-Vous. Dessin à la sanguine.

241 **Le Tintoret**. Un Martyr. Beau dessin à la plume et au bistre, largement traité.

241 bis. **Eisen**. **Drolling**. Trois dessins à la plume et au bistre.

242 **Eckhout**. Sujet religieux Dessin à l'encre de Chine, rehaussé de blanc.

243 **Everdingen** (Albert). Marine. Joli dessin à l'aquarelle, d'une grande finesse. (*Collection Rèvil.*)

244 **Robert** (Hubert). Paysage avec ruines. Dessin à la plume et au bistre.

245 **Van Stry** (Abraham). Une paysanne. Dessin aux trois crayons

246 **Pacheco** (Christophe). Maître de Velasquez. La Sybille de Tibur. Dessin à la plume, légèrement lavé de bistre.

247 **Steen** (Jean). Scène de cabaret flamand. Joli dessin à la plume et au bistre. (*Collection Thibaudeau.*)

248 **Ommeganck**. Un bœuf dans un pré. Joli dessin à l'encre de Chine.

249 **De Braekelaer**. Une paysanne hollandaise. Dessin à l'aquarelle.

250 **Charlet**. Un fermier à cheval. Dessin à la mine de plomb.

251 **Genoels** (Abraham). Paysage. Dessin à la plume, au bistre et au crayon noir, rehaussé de blanc.

252 **Verboeckhoven**. Troupeau à l'abreuvoir. Croquis du célèbre tableau du maître Dessin à la plume.

253 **Lemoine**. La Charité. Allégorie. Dessin à la pierre d'Italie, rehaussé de blanc.

254 **Schotel**. Marine. Joli dessin à l'encre de Chine.

255 **Mallet**. Une femme dans une coquille Dessin à l'encre de Chine.

256 **Metzu**. Portrait de femme. Joli croquis à la mine de plomb. (*Collection Wescombe.*)

257 **Netscher** (Gaspard). Tête d'enfant. Dessin à la sanguine. (*Collection Otley.*)

258 **Lievens** (J.). Paysage à la plume.

259 **Lantara**. Paysage. Charmant dessin à la plume et à l'encre de Chine. Très-fin.

260 **Goya**. Des fous (*Locos*). Dessin au crayon noir. (*Collections Goya fils et Madrazzo.*)

261 **Kobell** (Henri). Bœufs se désaltérant au bord d'une rivière. Très-joli dessin à la plume et à l'encre de Chine. (*Collection Feuchère.*) L'eau-forte est jointe.

262 **Marin-Lavigne**. Un petit ramoneur endormi au coin d'une borne. Joli dessin au crayon noir estompé et rehaussé de blanc.

263 **Watteau** (Antoine). Tête d'homme. Très-joli dessin aux trois crayons. (*Collection Mouriau.*)

264 **Cuyp** (Albert). **Van der Does**. Paysage et animaux. Deux dessins au crayon noir et à la sanguine, lavés d'encre de Chine.

265 **Ossenbeck**. Kermesse flamande. Dessin à la mine de plomb.

266 **Lanfranc**. Mort de la Vierge. Très-beau dessin à la plume, lavé d'encre de Chine.

267 **Clérian**. Intérieur de cloître. Joli dessin à la sépia.

268 **Van Stry** (Abraham). Paysanne. Dessin aux trois crayons.

269 **Spranger**. Neptune et Amphitrite entourés d'Amours et de Tritons, traînés par des dauphins. Beau dessin à la plume et au bistre. (*Collection Hamal Leod.*)

270 **Rembrandt** (Paul). Portrait du maître. Très-beau dessin à la plume, lavé de bistre et d'encre de Chine. (*Collection du roi de Hollande.*)

271 — **Solimène**. Scène d'inquisition. Dessin à la plume, lavé d'encre de Chine.

272 **Della Bella**. Paysage avec ruines et animaux. Dessin très-fin à la plume et au bistre. (*Collections Th. Dimsdale et Woodburn.*)

273 **Prud'hon** (Pierre-Paul). Têtes d'hommes. Quatre dessins à la pierre noire.

274 **Velasquez de Sylva** (Don Diego). Groupe de chanteurs. Joli dessin, spirituellement touché.

275 **Champaigne** (Philippe de). Études de la tête du Christ pour son tableau de la Cène. Dessin au crayon noir, rehaussé de blanc.

276 **Stradanus** (Jean). Le Christ prêchant devant le peuple. Dessin à la plume provenant des cartons des frères Crabeth de Gouda.

277 **David** (Louis). L'Empereur Napoléon Ier. Esquisse d'après nature pour le portrait historique du maître (qui est gravé dans l'*Histoire du Consulat et de l'Empire*, de M. Thiers).

278 **Fragonard** (Honoré). Étude d'arbre. Beau dessin à la sanguine.

279 **Puget** (Pierre). Un évêque. Projet d'une statue élevée à Gênes. Beau dessin à la sanguine.

280 **Ziem.** Vue de Rome au soleil couchant. Beau dessin à l'aquarelle.

281 **Dusart** (Corneille). Scène de cabaret. Croquis à la plume et au bistre.

281 bis **Barentsen** (Élève du Titien) David jouant de la harpe devant Saül. Dessin très-rare.

282 **De Laireşse** (Gérard). Un Souverain recevant des présents offerts par un ambassadeur entouré de sa suite. Beau dessin à la plume et au bistre.

283 **Le Josepin.** Adam et Ève chassés du paradis. Joli dessin à la sanguine.

284 **Schut** (Corneille). Anges tenant la palme et la couronne de martyr. Joli dessin au bistre (*Collection Hamel*).

285 **Brauwer** (Adrien). Buveurs. Croquis à la plume.

286 **Vernet** (Joseph). Un Chasseur. Dessin à la sanguine.

287 **Constantin.** Paysage. Beau dessin à l'encre de Chine.

288 **Béga** (Corneille). Un Boulanger comptant sur ses doigts. Croquis à la sanguine.

289 **R. Savery.** Paysage. Joli dessin à la plume, lavé d'encre de Chine.

290 **Jordaens** (Jacques). Beau dessin à l'aquarelle.

291 **Schellings** (Guillaume). Paysage à la pierre noire, lavé d'encre de Chine.

292 **Schut** (Corneille) Neptune entouré de Tritons et de Nayades. Beau dessin aux trois crayons.

293 **Charlet.** Un Garde française. Joli dessin à la mine de plomb, lavé d'aquarelle.

294 **Ouvrié** (Justin). Vue prise à Vendôme. Joli dessin à l'aquarelle.

295 **Molyn** (Pierre). Paysage avec figures. Joli dessin à la pierre d'Italie, lavé d'encre de Chine. (*Collection Th. Lawrence, W. Esdaile et Woodburn.*)

296 **Preti**, dit *le Calabrèse*. Un Martyr. Dessin à la plume, lavé de bistre. (*Collection Robert Udney.*)

297 **Van Balen** (Henri). Le Printemps et l'Automne. Beau dessin à l'encre de Chine, rehaussé de blanc.

298 **Palmerius**. Cavaliers. Joli dessin à la plume, légèrement lavé de bistre. (*Collection J. Dupan.*)

299 **Ruysdaël** (J.). Paysage avec figures. Beau dessin à la plume et au bistre.

300 **Johannot** (T.). Le bon Ange. Aquarelle.

301 **Gallait** (Louis). Mendiants. Croquis à la plume.

302 **Troost** (Corneille), *le Watteau hollandais*. Scène d'intérieur. Joli dessin à la sanguine.

303 **Muller** (Lucas), dit *Kranach*. Sacrifice antique. Dessin à la plume, provenant des cartons des frères Crabeth.

304 **Murillo** (Esteban). Une Femme assise jouant avec un chien. Dessin à la sanguine.

305 **Velasquez de Sylva** (don Diego). Un Mendiant. Dessin à la plume et à l'encre de Chine.

306 **Goya**. Le Jongleur de Charles III. Dessin à la sanguine.

307 **Ribera,** dit *l'Espagnolet*. **Velasquez.** Saint Antoine de Padoue. Tête de Chien. Deux dessins à la plume.

308 **Vernet** (Carle). La Marchande de Coco. Dessin à la plume.

309 **Sneyders** (François). Études de chiens. Deux dessins à la sanguine.

310 **Houbracken** (Arnold). Un baptême donné par saint Pierre. Beau dessin à la plume, lavé d'encre de Chine. (Ce dessin a été gravé.)

311 **Van Battem.** Un Massacre. Joli dessin à l'encre de Chine, rehaussé de blanc.

312 **Rosa Bonheur**. Moutons dans une prairie. Joli dessin à la mine de plomb.

313 **Van de Velde** (Guillaume). Étude de bateaux. Dessin à l'encre de Chine.

314 **Weeninx** (Jean-Baptiste). Entrée de ville. Dessin à la sanguine.

315 **Cochin.** Des Évêques portant une châsse. Joli dessin à la sanguine. (*Collection Devèze.*)

316 **Murillo** (Esteban). Un Moine mort. Dessin à la pierre noire et à la sanguine. (*Collection Woodburn.*)

317 **Robusti** (Jacopo), *le Tintoret.* Communion d'un saint. Beau dessin à la plume et au bistre. (*Collection Th. Dimsdale.*)

318 **Rembrandt** (Paul). Agar dans le désert. Très-beau croquis à la plume (*Collection Revil.*)

319 **Troost** (Corneille). Une jeune fille dessinant. Charmant dessin à la sanguine, lavé de bistre.

320 **Van de Velde** (Isaïe). Paysage. Très-beau dessin à la pierre d'Italie, lavé d'encre de Chine.

321 **Claude Gelée,** dit *le Lorrain.* Vue de Tivoli. Dessin capital à la plume et au bistre. (*Collections Hamal-Leod et Norblin.*)

322 **Boucher** (François). Un Ange. Charmant dessin aux trois crayons.

323 **Moucheron** (Isaac). Vue de Tivoli. Superbe dessin à l'aquarelle.

324 **Koeckoeck**. Paysage. Charmant dessin à l'aquarelle. (*Collection Van Den Zande.*)

325 **Tiepolo** (Jean-Baptiste). Mort et Apothéose d'un saint. Très-beau dessin à la plume et à l'encre de Chine.

326 **Leprince.** Jeune Berger jouant de la flûte. Charmant dessin à la sanguine.

327 **Teniers** (David). Kermesse flamande. Joli dessin à la plume (*Collection Woodburn.*)

328 **Caliari** (Paul), dit *Véronèse*. Un Concile céleste. Dessin capital du maître à la plume et au bistre, rehaussé de blanc.

329 **Berghem** (Nicolas). Paysage avec animaux. Dessin à la pierre noire.

330 **Goya**. Tête de Moine en prière. Dessin au crayon noir.

331 **Everdingen** (Albert Van). Paysage. Beau dessin à la pierre noire et à l'encre de Chine.

332 **Oudry** (Jean-Baptiste). Un Chien gardant du gibier. Joli dessin à la sanguine.

333 **Procaccini** (Camille). Visite d'un hôpital par des saints. Dessin à la plume et au bistre.

334 **Vernet** (Carle). Portrait-charge du maître. Dessin très-spirituel à la plume.

335 **Van Goyen** (Jean). Marine. Très-joli dessin à la pierre noire, lavé d'encre de Chine.

336 **Van Goyen** (Jean). Marine. Pendant du précédent.

337 **Teniers** (David). Kermesse flamande. Très-joli dessin à la plume.

338 **Marvy** (Louis). Paysage. Dessin au pastel.

339 **Dow** (Gérard). Une jeune Fille faisant de la dentelle. Joli dessin à la pierre noire, légèrement lavé.

340 **Boucher** (François). Femme nue Dessin au crayon noir, rehaussé de blanc.

341 **Ostade** (Adrien Van). Un Fumeur demandant à boire à une vieille femme. Joli dessin à la plume, lavé d'encre de Chine.

342 **Potter** (Paul). Vache couchée. Dessin à la pierre noire.

343 **Boucher** (François). Nymphes couchées dans un bois. Joli dessin à la pierre d'Italie. (*Collection Dimsdale*).

344 **Van de Velde** (Guillaume). Marine. Dessin à l'encre de Chine.

345 **Lebas**. Paysage. Joli dessin à l'aquarelle.

346 **Guardi**. Croquis divers à la pierre noire et à la sanguine. Trois dessins.

347 **Schootel**. Marines. Deux jolis croquis à la mine de plomb.

348 **Schootel**. Marines. Deux autres croquis.

349 **Klotz** (Valentin). Un Campement. Dessin à la plume, lavé à l'encre de Chine.

350 **Hulswit**. Paysage. Joli dessin à la pierre noire.

351 **Ostade** (Adrien Van). Un Homme assis. Beau dessin à la pierre noire. (*Collections Collin et Galeozzi.*)

352 **David** (Louis). Études. Tête de femme pour le tableau de l'Enlèvement des Sabines. Deux dessins au crayon noir.

353 **Dujardin** (Karel). Une Femme portant des paquets et un enfant sur son dos et tenant une petite fille par la main. Très-joli dessin à la sanguine.

354 **Sachtleven** (Corneille). Un Homme à genoux tenant un cierge. Dessin au crayon noir.

355 **Mellan** (Claude). Tête de femme. Dessin à la plume.

356 **Cuyp** (Albert). Paysanne venant du marché. Joli dessin à la pierre, rehaussé de blanc.

357 **Duquesnoy** (François). Les Sciences et les Arts. Allégorie. Joli dessin à la plume.

358 **Ostade** (Isaac Van). Une Cabane en ruines. Dessin à la pierre noire.

359 **Seghers** (Gérard). Tête de vieille femme. Dessin à la pierre d'Italie.

360 **Devéria**. Benvenuto Cellini dans son atelier. Dessin à la sépia.

361 **Carrache** (Annibal). Caricatures. Deux dessins à la plume, lavés au bistre et à la sanguine.

362 **Garnerey** (Hippolyte). Croquis divers.

363 **Ommeganck**. Moutons et Béliers. Dessin au crayon noir.

364 **Rugendas. Luycken** (J.). Trois dessins à la plume.

365 **Bloemaert. B. Campi. P. Batoni.** Trois dessins à la plume, au bistre et à la sanguine.

366 **Giordano** (Lucas). Jésus chassant les marchands du Temple. Beau dessin au bistre

367 **Jean d'Uldine.** Beau dessin d'ornements à la plume et au bistre.

368 **Van Mander** (Carl). Le Tête-à-Tête. Charmant dessin à la plume, légèrement lavé de bistre. (*Collection Verstolk de Soelen.*)

369 **Koning** (Philippe de). *Ecce homo.* Beau dessin à la plume et au bistre.

370 **Barbieri** (Francesco), *le Guerchin.* Sainte Famille. Beau dessin à la plume et au bistre.

371 **Gros** (le baron). François Ier examinant les plans du Louvre. Joli dessin au crayon, lavé de sépia. (Première pensée d'un tableau pour une des salles du Louvre.)

372 **Greuze.** Tête de jeune fille. Charmant dessin au crayon noir.

373 **Saint-Aubin.** Portrait de femme. Dessin au bistre.

374 **Bonnington.** Marine. Joli croquis à la sépia.

375 **Gros** (le baron). Épisode d'une bataille du premier Empire. Très-beau dessin au crayon noir, lavé de sépia.

376 **Everdingen.** Marine. Joli dessin très-fin à l'aquarelle

377 **Grandville.** Paysage. Dessin à la mine de plomb.

378 **Roqueplan** (Camille). Jésus lavant les pieds des apôtres. Joli croquis au crayon noir, légèrement lavé d'encre de Chine.

379 **Huet** (Jean-Baptiste). Scène pastorale. Joli dessin à l'aquarelle.

380 **Zuccaro** (Frédéric). Jésus tenté par le démon dans le jardin des Oliviers. Dessin à la plume et au bistre.

381 **Raffet.** Scène militaire. Croquis à la mine de plomb.

/ 382 **Fragonard**. Un jardinier offrant une corbeille de fruits à une jeune femme. Joli dessin à la sanguine.

383 **Diaz**. Une femme couchée dans un bosquet. Charmant dessin à la sanguine.

384 **Goltzius** (Henri). Une Sainte. Très-joli dessin à la plume, lavé de bistre.

385 **Gavarni**. Un Débardeur. Joli dessin à la mine de plomb et à l'aquarelle.

386 **Hennequin**. Une Pythonisse. Dessin à l'encre de Chine et au bistre, rehaussé de blanc.

387 **Roos** (Henri). Bœufs. Dessin à la sanguine.

388 **Flinck** (Govaert). Un serviteur versant du vin dans une coupe. Joli dessin au crayon noir, rehaussé de blanc sur papier bleu.

389 **Jeaurat**. Tête d'homme faisant une grimace. Dessin à la sanguine.

/ 390 **Fragonard**. Sujet antique. Dessin à la plume et au bistre.

391 **Watteau** (de Lille). Un Magistrat. Dessin à la sanguine rehaussé de blanc.

392 **Aldegrever**. Loth, sa femme et ses filles fuyant Sodôme. Joli dessin à la pierre noire.

393 **Castiglione** (Benedette). **Carrache** (Annibal). Sacrifice à Priape. Paysage. Deux dessins au bistre et à la sanguine.

394 **S. Cantarini** (Le Pesarèse). **Perino del Vaga**. **F. Llano** *(le Napolitain)*, etc. Sujets divers. Six dessins à la plume et au bistre.

395 **Ossenbeek**. Intérieur de ferme. Joli dessin à la plume.

396 **K. Dujardin**. **Sneyders**. **B. Pieters**. Trois dessins.

397 **Lora**. Pastel.

398 **Lora**. Pastel.

399 Trois *fac-simile*, d'après A. Van Ostade, C. Dusart et Rubens.

400 Trois eaux-fortes de Jacque, d'après A. Van Ostade.

401 Sous ce numéro, les objets non catalogués.

Renou et Maulde, imprimeurs de la Compagnie des Commissaires-Priseurs, rue de Rivoli, 144. 9081

www.ingramcontent.com/pod-product-compliance
Ingram Content Group UK Ltd.
Pitfield, Milton Keynes, MK11 3LW, UK
UKHW020220180726
13838UKWH00005B/2115

9 782329 389868